ANALISI DEL LIBRO

Il Signore degli Anelli

· · · · · · · · · · · · · · ·

J. R. R. TOLKIEN

ANALISI DEL LIBRO

Scritto da Jade Gathoye
Tradotto da Sara Rossi

Il Signore degli Anelli

J. R. R. TOLKIEN

JOHN RONALD REUEL TOLKIEN

SCRITTORE E LINGUISTA INGLESE

- **Nato a Bloemfontein (Sudafrica) nel 1892.**
- **Morto a Bournemouth (Regno Unito) nel 1973.**
- **Opere degne di nota:**
  - *Lo Hobbit* (1937), romanzo per ragazzi
  - *Il contadino Giles di Ham* (1949), romanzo per ragazzi
  - *Il Silmarillion* (1977), antologia

J. R. R. Tolkien era un professore universitario specializzato in linguistica e letteratura inglese; aveva anche una passione per le lingue antiche come il norreno antico ed era un cattolico devoto. Studiò all'Università di Oxford e si arruolò nell'esercito britannico durante la Prima guerra mondiale, ma fu rimandato in Inghilterra dopo aver contratto la febbre di trincea. Si laureò nel 1919 e divenne professore a Oxford nel 1925.

Sebbene avesse iniziato a scrivere già nel 1910, il suo primo romanzo, *Lo Hobbit*, fu pubblicato solo nel 1937. Questo romanzo per ragazzi ebbe un tale successo da spingere Tolkien a sviluppare ulteriormente l'universo che vi aveva creato. Questo universo, noto come Terra di Mezzo, divenne l'ambientazione del suo libro successivo: *Il Signore degli Anelli* (1954-1955), che di solito viene pubblicato in tre volumi separati. Pochissime opere di Tolkien furono pubblicate durante la sua vita, ma molti dei suoi appunti e bozze sono stati curati e pubblicati dal figlio Christopher (nato nel 1924) dopo la sua morte, avvenuta nel 1973.

IL SIGNORE DEGLI ANELLI

LE ORIGINI DEL FANTASY MODERNO

- **Genere:** romanzo fantasy
- **Edizioni di riferimento:**
  - Tolkien, J. R. R. (2009) *Il Signore degli Anelli: La Compagnia dell'Anello*. Londra: HarperCollins
  - Tolkien, J. R. R. (2009) *Il Signore degli Anelli: Le due torri*. Londra: HarperCollins
  - Tolkien, J. R. R. (2009) *Il Signore degli Anelli: Il ritorno del re*. Londra: HarperCollins
- **1° edizione:** 1954 e 1955
- **Temi:** le origini, il bene e il male, la morte, l'immortalità, il potere, la compassione, il libero arbitrio

Il Signore degli Anelli è stato il risultato di un processo di scrittura immensamente lungo: Tolkien iniziò a scrivere il romanzo nel 1937 e lo terminò solo dodici anni dopo. È stato pubblicato in tre volumi tra il 1954 e il 1955 e vuole essere il seguito diretto della storia narrata ne *Lo Hobbit*. È anche collegato agli eventi de *Il Silmarillion* (1977), che si svolgono nello stesso universo. Tolkien lavorò ininterrottamente al *Silmarillion* per molti anni e continuò a farlo anche durante la stesura de *Il Signore degli Anelli*, ma fu pubblicato solo dopo la sua morte.

Il Signore degli Anelli racconta le avventure e le disavventure di un gruppo di Hobbit, incaricati di distruggere un anello appartenente al Signore Oscuro Sauron, perché solo così questo potente negromante può essere sconfitto. Sebbene il romanzo abbia ricevuto inizialmente una tiepida accoglienza da parte della critica, ha presto conquistato schiere di fan sfegatati ed è stato considerato una pietra miliare della narrativa fantasy fin dagli anni Sessanta. In effetti, ha fornito ispirazione per innumerevoli altre opere d'arte e di letteratura.

SINTESI

LA COMPAGNIA DELL'ANELLO

Un anello che li domina tutti

Molti secoli fa, in una versione alternativa del nostro mondo nota come Terra di Mezzo, un malvagio negromante di nome Sauron forgiò una serie di anelli magici. Li distribuì tra gli abitanti della Terra di Mezzo: tre furono dati ai governanti degli Elfi, sei ai Signori dei Nani e nove ai nobili umani. Tuttavia, forgiò segretamente un altro anello, molto più potente, che era in grado di controllare tutti gli altri, conferendo così un potere immenso a chi lo indossava. Ciò significa che i nove umani furono rapidamente corrotti dai loro anelli e divennero i più potenti servitori di Sauron, noti come Nazgûl.

Quando gli abitanti della Terra di Mezzo si resero conto della minaccia che li attendeva, si unirono nel disperato tentativo di sconfiggere Sauron e riuscirono a separarlo dal suo anello. Tuttavia, l'anello andò perso e un Hobbit di nome Sméagol lo trovò in fondo a un lago e decise di tenerlo per sé. Col tempo, Sméagol fu corrotto dal potere dell'anello, si isolò in una grotta e divenne noto come Gollum. Alla fine perse l'anello, che chiamava "prezioso", in un gioco di indovinelli con un altro Hobbit, Bilbo Baggins, che lo tenne per molti anni. La storia di Bilbo è raccontata per intero nel precedente romanzo di Tolkien *Lo Hobbit* ed è riassunta nel prologo de *Il Signore degli Anelli*.

In fuga dalla Contea

La storia de *Il Signore degli Anelli* inizia quando Bilbo decide di partire per un lungo viaggio e lascia in eredità il suo anello magico (che ha il potere di rendere invisibile chi lo indossa) al nipote Frodo Baggins. Il mago Gandalf, che da tempo nutre sospetti sulla vera natura dell'anello, scopre che si tratta in realtà dell'Unico Anello forgiato da Sauron e che i servi del negromante hanno catturato e torturato il suo precedente proprietario, Gollum. Gandalf rifiuta di prendere lui stesso l'anello, temendo che un artefatto oscuro così potente possa corromperlo nonostante le sue buone intenzioni, così chiede a Frodo di diventare un Portatore dell'Anello e di portarlo sul Monte Fato, l'unico posto in cui può essere distrutto. I Nazgûl sono alla ricerca dell'Anello e, per sfuggirgli, Frodo è costretto a fuggire dalla sua casa nella Contea. Su consiglio di Gandalf, si dirige verso la città elfica di Gran Burrone, accompagnato dal suo fedele giardiniere Samwise Gamgee e da due giovani Hobbit spensierati di nome Merry e Pipino. Nel corso del viaggio, i quattro compagni hanno diversi scontri ravvicinati con i Nazgûl, che sono alla ricerca dell'Anello.

Sfuggire alle grinfie dei Nazgûl

Il viaggio degli Hobbit li porta in una foresta, dove vengono attaccati da un albero. Tuttavia, vengono salvati dall'intervento di uno spirito della natura chiamato Tom Bombadil, che è vecchio come il mondo stesso e vive nella foresta con sua moglie Goldberry, un altro spirito della natura. Anche lui è completamente immune al potere dell'Anello. Salva gli Hobbit una seconda volta nel Barrow-down e rimane con loro per un breve periodo prima di lasciarli con il consiglio di dirigersi a Bree e cercare la locanda del Pony Rampante.

Quando arrivano alla locanda, gli Hobbit incontrano un Ranger (un individuo di un'altra civiltà umana) di nome Strider, che avverte Frodo che i suoi compagni non sono abbastanza riservati sulla loro missione. Frodo riceve anche una lettera da Gandalf che lo avverte di stare attento e gli dice di fidarsi di Strider, il cui vero nome è Aragorn. Con l'aiuto di Aragorn, gli Hobbit riescono a evitare un altro attacco dei Nazgûl e a proseguire il loro viaggio. Tuttavia, i servitori di Sauron li raggiungono quando si fermano a riposare sulle Colline del Tempo e Frodo viene ferito dal loro attacco. La ferita, inferta con una lama maledetta, può essere curata solo dagli Elfi, così il gruppo si affretta verso la meta e viene raggiunto da un messaggero di Gandalf, Glorfindel. Mentre si avvicinano a Gran Burrone, i Nazgûl li attaccano ancora una volta, ma vengono respinti da un'onda gigantesca evocata da Elrond, il Signore di Gran Burrone.

Nel frattempo, Gandalf sta raccogliendo informazioni sull'-Anello. Durante questo periodo, viene convocato da un mago più anziano di nome Saruman, che gli propone di unire le forze per impadronirsi del potere dell'Anello. Quando Gandalf rifiuta, viene imprigionato in cima alla fortezza di Saruman, Orthanc. Viene salvato da un'aquila e incontra gli Hobbit a Gran Burrone.

La Compagnia dell'Anello

Frodo riprende conoscenza a Gran Burrone: le sue ferite sono state curate da Elrond appena in tempo per salvargli la vita.

A questo punto, viene convocato un consiglio per discutere su cosa fare dell'Anello, a cui partecipano i rappresentanti di tutte le razze della terra. Sapendo che Sauron non può essere sconfitto se non si distrugge l'Anello, Frodo suggerisce di portare a termine la missione che ha intrapreso: portare l'Anello a Mordor, il regno di Sauron, e gettarlo nelle fiamme del Monte Fato. Gli altri Hobbit accettano di accompagnarlo, così come Gandalf e Aragorn, che rivela di discendere dai re di Gondor, il più grande regno umano della Terra di Mezzo. Si uniscono a loro anche Boromir, figlio dell'attuale intendente di Gondor, Legolas, un principe elfico, e Gimli, un nano.

Gli eroi intraprendono il loro cammino, ma lungo la strada sono tormentati dalle spie di Sauron. Dopo aver tentato di scalare una montagna, ma costretti a tornare indietro, non hanno altra scelta che attraversare le miniere di Moria, nonostante Gandalf, Aragorn e Legolas siano estremamente cauti riguardo ai pericoli che vi si nascondono. Durante la permanenza nelle miniere, si imbattono nella tomba del capo dei Nani che un tempo occupava queste caverne e trovano un diario che rivela che il suo popolo è stato attaccato dagli Orchi (una razza bellicosa). Poco dopo vengono attaccati anche loro e sono costretti a fuggire. Mentre tentano di attraversare una voragine – con gli Orchi ancora all'inseguimento – vengono assaliti da un Balrog, un antico demone dell'ombra che si era assopito nelle profondità di Moria per molti anni fino a quando i minatori nani non lo avevano risvegliato. Gandalf rimane indietro per combattere il Balrog e riesce a farlo precipitare nelle profondità del baratro, ma viene trascinato giù con lui. Profondamente demoralizzata, la Compagnia prosegue il suo cammino e Aragorn assume la guida del gruppo.

Il gruppo giunge quindi nei boschi del regno elfico di Lothlórien, dove incontra Galadriel, portatrice di uno dei tre anelli donati agli Elfi. Galadriel mette alla prova i loro cuori, mettendo Boromir a disagio. Boromir cerca anche di convincere gli altri membri della Compagnia a passare per Gondor, ma Aragorn rifiuta categoricamente il suggerimento. Nel frattempo, Frodo e Sam vedono brevemente alcune visioni profetiche in uno specchio di Galadriel, che dice loro che, come Gandalf, teme di essere corrotta dall'Anello se lo toccasse, nonostante le sue buone intenzioni.

La rottura della Compagnia

Il gruppo continua il suo viaggio in barca e gradualmente si rende conto di essere seguito da Gollum. Quando si fermano per una sosta, Frodo si allontana per un momento dal gruppo e viene raggiunto da Boromir, che gli dice di voler usare il potere dell'Anello per aiutare gli eserciti di Gondor a respingere le armate degli Orchi – che hanno giurato fedeltà a Sauron – che stanno cercando di distruggere il regno umano e di estendere i confini del dominio del loro padrone. Mentre parla, Boromir viene brevemente colto da un attacco di follia e cerca di strappare l'Anello a Frodo. Tuttavia, Frodo lo usa per rendersi invisibile e scompare. Boromir torna in sé e corre ad avvertire Aragorn che Frodo è scomparso. Merry, Pipino e Sam corrono subito a cercarlo e Aragorn incarica Boromir di trovare tutti gli Hobbit e di riportarli indietro sani e salvi. Di tutti i membri della Compagnia, solo Sam riesce a riunirsi a Frodo e insieme proseguono verso il Monte Fato.

LE DUE TORRI

Rintracciare gli Hobbit

Gandalf, che aveva perso la vita nella lotta con il Balrog, torna nella Terra di Mezzo con poteri più grandi che ora eguagliano quelli di Saruman. Gli viene affidato il compito di sostituire Saruman come protettore del mondo, ora che Saruman è stato corrotto e ha abbandonato quel ruolo. Gandalf evoca un'aquila per recarsi a casa di Galadriel, dove apprende tutto ciò che è accaduto dalla sua morte. Poi parte all'inseguimento della Compagnia.

Aragorn trova Boromir in punto di morte, con il corpo crivellato di frecce. Nei suoi ultimi istanti, Boromir riesce a dirgli che Merry e Pipino sono stati catturati dagli Orchi, convinti che uno di loro sia il Portatore dell'Anello. Aragorn, Legolas e Gimli decidono quindi di cercarli. Lungo la strada, incontrano un gruppo di cavalieri di Rohan (un piccolo regno umano della Terra di Mezzo), guidati da un uomo chiamato Éomer. I cavalieri raccontano di aver recentemente sconfitto una banda di Orchi, ma che tra loro non c'erano Hobbit. Éomer presta ai restanti membri della Compagnia alcuni cavalli e il gruppo torna sul luogo della battaglia. Il mattino seguente, Aragorn riesce a trovare le tracce degli Hobbit, che portano alla foresta di Fangorn. Quando raggiungono la foresta, si riuniscono con Gandalf, che dice loro che gli Hobbit sono al sicuro, perché ora sono sotto la protezione di un Ent (un albero senziente) di nome Treebeard.

La Compagnia decide di recarsi a Edoras, la capitale di Rohan, per convincere la popolazione a unirsi alla lotta contro

Saruman. Tuttavia, al loro arrivo scoprono che Théoden, il re di Rohan, è diventato estremamente debole ed è completamente asservito al suo consigliere corrotto, Gríma Wormtongue. Gandalf riesce a usare i suoi poteri per riportare Théoden al suo antico stato e Gríma è costretta a fuggire. Aragorn ha anche un breve incontro con la bella Éowyn, sorella di Éomer e di cui Gríma è innamorata. Théoden decide di andare in aiuto dei suoi uomini, assediati dalle forze di Saruman al Fosso di Helm.

La fuga di Saruman e la tentazione del *Palantír*

Dopo aver vinto la battaglia del Fosso di Helm, il gruppo si dirige verso la fortezza di Saruman, Isengard, con l'intenzione di sconfiggere il mago una volta per tutte. Quando arrivano, scoprono che la maggior parte della fortezza è stata distrutta dagli Ents e trovano Merry e Pipino che festeggiano la loro vittoria. Trovano anche Saruman e Gandalf lo affronta, rompendo il suo bastone e bandendolo. In quel momento, Gríma lancia una piccola sfera contro i due maghi, che cade per un soffio e viene raccolta da Pipino. Gandalf la confisca immediatamente, ma lo Hobbit diventa ossessionato dalla sfera e la ruba di notte. Fissando le sue profondità, vede l'Occhio di Sauron, che cerca di estorcergli informazioni, credendolo falsamente il portatore dell'Anello. Pipino cade a terra svenuto e si salva solo grazie all'intervento di Gandalf.

A questo punto, Gandalf capisce che la sfera è un *palantír*: una sorta di antico artefatto che permette a chi lo usa di comunicare a grandi distanze, uno dei quali è stato corrotto da Sauron per poterlo usare per controllare tutti gli altri. Gandalf si rende conto che è così che Sauron è riuscito a corrompere Saruman.

Per proteggere Pipino, il mago decide di portarlo nella città fortificata di Minas Tirith, nel regno di Gondor.

Il viaggio verso Mordor

Nel frattempo, Frodo e Sam continuano a viaggiare verso Mordor, ma vengono attaccati da Gollum, deciso a riprendersi il suo "Tesoro", mentre attraversano le colline di Emyn Muil. Tuttavia, riescono a sottometterlo e a fargli promettere di essere la loro guida. A questo punto, Gollum inizia a comportarsi in modo estremamente servile nei loro confronti, il che porta Frodo a iniziare a fidarsi di lui fino a un certo punto; tuttavia, Sam rimane sempre sospettoso nei suoi confronti. Mentre Gollum li guida attraverso le Paludi Morte, Frodo inizia a sentirsi sempre più oppresso dall'Anello che porta con sé. Una notte, Sam sorprende Gollum a discutere con se stesso se uccidere o meno gli Hobbit. Questo dimostra che in realtà ha una personalità sdoppiata, divisa tra quella di Sméagol, la sua identità originale, e quella di Gollum, che è il lato più oscuro della sua personalità ed è stato completamente corrotto dall'Anello.

Il trio riesce a raggiungere la Porta Nera di Mordor, ma si rende conto che è troppo sorvegliata per poterla attraversare. Gollum suggerisce quindi di passare attraverso il passo di Cirith Ungol, che conduce anch'esso a Mordor; si tratta però di un percorso più difficile, in quanto attraversa una serie di tunnel ed è sovrastato da una torre. Durante il tragitto verso il passo, Gollum abbandona brevemente gli Hobbit per cercare cibo e Frodo e Sam vengono scoperti da un gruppo di uomini guidati da Faramir, fratello di Boromir. Faramir racconta loro della morte di Boromir e spiega che

Boromir voleva aiutare il loro padre, che è solo l'intendente di Gondor, a diventare re. Tuttavia, Faramir promette che non cederà alla tentazione dell'Anello come ha fatto suo fratello e che lascerà che i due Hobbit continuino il loro cammino senza impedimenti il mattino seguente. Accortosi che la creatura non è altro che Gollum, Frodo implora Faramir di risparmiargli la vita, ma gli uomini di Faramir puniscono comunque duramente Gollum, facendolo sentire tradito dagli Hobbit. Faramir li rimanda per la loro strada, ma non prima di aver avvertito gli Hobbit di non fidarsi di Gollum, perché il passo di Cirith Ungol potrebbe essere più di quanto sembri.

Il tradimento di Gollum

La previsione di Faramir si rivela esatta, poiché Gollum conduce i due Hobbit nella tana di un ragno gigante di nome Shelob mentre attraversano il passo. Gollum attacca Sam in modo che il ragno sia libero di mangiare Frodo, cosa che gli permetterebbe di riprendersi l'Anello. Sam riesce a scacciare Gollum, ma quando torna da Frodo, l'altro Hobbit sembra morto. Consumato dalla rabbia, Sam attacca Shelob e riesce a ferirla così gravemente da farla ritirare; decide quindi di prendere l'Anello per poter completare la missione della Compagnia. Poco dopo, alcuni Orchi attraversano il tunnel e raccolgono il corpo di Frodo, così Sam usa il potere dell'Anello per diventare invisibile e seguirli, scoprendo che il suo amico non è morto, ma solo avvelenato.

IL RITORNO DEL RE

Arrivo a Gondor

Gandalf e Pipino arrivano a Minas Tirith e si presentano a Denethor, l'intendente di Gondor, che è consumato dal dolore per la morte del figlio Boromir e crede che il suo regno sia destinato a essere sconfitto dalle forze di Mordor, anche se accetta di riunire le sue truppe. Pipino si offre di entrare al servizio di Denethor per riparare alla perdita di Boromir e Denethor accetta. Faramir torna in città e racconta a Gandalf e al padre il suo incontro con Frodo. Denethor lo rimprovera duramente per la sua decisione di lasciare andare Frodo invece di prendere l'Anello con la forza e riportarlo a Gondor, e chiarisce che avrebbe preferito che Faramir morisse al posto del fratello.

Minas Tirith viene attaccata dalle forze di Mordor e Faramir viene portato dal padre dopo essere stato ferito in combattimento. Denethor abbandona completamente il suo posto di difensore della città per vegliare su di lui e Gandalf prende il comando delle truppe. Proprio quando tutto sembra perduto, le armate di Rohan arrivano in forze e le sorti della battaglia cominciano a cambiare in favore di Gondor. Nel frattempo, Pipino si rende conto che Denethor è completamente impazzito e intende bruciare vivo Faramir come sacrificio; tuttavia, Pipino riesce ad avvertire Gandalf appena in tempo e lui e il mago riescono a salvare Faramir. A questo punto, Denethor rivela di avere un *palantír*, il che spiega la sua discesa nella follia, e si dà fuoco.

La battaglia finale

Nel frattempo, Aragorn sta raccogliendo le proprie forze, compresi gli altri Ranger del Nord e i figli di Elrond, e alla fine decide di recarsi sui Sentieri dei Morti, dove potrà arruolare i servigi di un esercito di spettri non morti che hanno infranto il loro giuramento di servire i Re di Gondor in battaglia e che quindi non potranno trovare riposo finché non adempiranno a quei giuramenti al servizio dell'erede di quei Re passati. Legolas, Gimli e i Ranger del Nord decidono di accompagnarlo sul Sentiero dei Morti. Prima della partenza, Aragorn annuncia di aver guardato nel *palantír*, ma di essere riuscito a resistere all'influenza corruttrice di Sauron, spaventando così il negromante e forzandone la mano: Sauron ha mandato i suoi eserciti in battaglia prima del previsto e la sua attenzione è stata quindi distolta dal Portatore dell'Anello.

Théoden, re di Rohan, riceve una richiesta di aiuto da Gondor e si prepara a partire per Minas Tirith. Merry, che è entrato al suo servizio, vuole unirsi al resto dell'esercito, ma Théoden gli ordina di rimanere a Edoras, la capitale di Rohan, dove sarà al sicuro. Tuttavia, un giovane cavaliere si offre di portare Merry in segreto e lo Hobbit accetta.

Poco dopo che gli eserciti di Rohan si uniscono alla battaglia, Théoden viene ucciso dal capo dei Nazgûl, il Re Stregone di Angmar. Il Re Stregone viene poi sfidato dal giovane cavaliere che ha portato Merry sul campo di battaglia, ma non prende sul serio la minaccia e si vanta che è stato profetizzato che non può essere ucciso da nessun uomo mortale. Tuttavia, il giovane cavaliere rivela di non essere un uomo: è Éowyn, la nipote di Théoden, e con l'aiuto di Merry riesce a infliggere al Re Stregone un colpo mortale, anche se sia lei che lo Hobbit rimangono gravemente feriti. Le sorti della battaglia volgono a favore del nemico e gli eserciti di Gondor e dei loro alleati sono costretti a ritirarsi in città. Tuttavia, in quel momento arriva Aragorn alla testa dell'esercito dei morti che aveva invocato, il che basta a garantire la vittoria di Gondor.

Dopo la battaglia, Aragorn aiuta a curare i feriti, compresa Éowyn, le cui ferite l'avevano lasciata in punto di morte. I sopravvissuti decidono di marciare verso Mordor e di attaccare anche dopo essere stati accolti da un inviato che sembra offrire loro le prove della morte di Frodo. Mentre combattono, Sauron e il suo regno iniziano a crollare, dimostrando che non solo il Portatore dell'Anello è ancora vivo, ma anche che è appena riuscito nella sua missione. Gandalf chiama allora le aquile per salvare gli Hobbit.

La ricerca dell'anello giunge al termine

Nel frattempo, Sam ha continuato a cercare Frodo e ha iniziato a sentire il vero peso dell'Anello. Riesce a intrufolarsi nella fortezza degli Orchi, dove scopre un massacro: gli Orchi si sono per lo più uccisi a vicenda in un battibecco per gli oggetti di Frodo. Sam riesce a salvare Frodo, ma rimane inorridito quando gli restituisce l'Anello, poiché Frodo inizia a parlare in un modo che ricorda quasi Gollum, dimostrando così che l'influenza dell'Anello su di lui sta crescendo. Si travestono quindi da Orchi e proseguono il loro viaggio.

Frodo viene brevemente catturato dallo sguardo dell'Occhio di Sauron, che sorveglia l'intera terra di Mordor dall'alto della fortezza del negromante, e di conseguenza cade svenuto, costringendo Sam a trasportarlo. Poco dopo, vengono attaccati da Gollum, che li segue dall'incontro con il ragno. La consapevolezza che Gollum sta ancora una volta cercando di rubargli l'Anello dà a Frodo un'iniezione di nuova forza e lo spinge a scalare il resto della montagna mentre Sam respinge Gollum. Tuttavia, una volta che Sam ha Gollum alla sua mercé, decide di risparmiarlo, perché comprende molto meglio le sofferenze che Gollum ha patito ora che per un breve periodo è stato lui stesso portatore dell'Anello. Raggiunge Frodo, ma lo trova completamente posseduto dall'Anello. Frodo sta per usare il potere dell'Anello per rendersi invisibile, cosa che gli permetterebbe di fuggire con esso e di conservarlo per sempre, quando Gollum riappare all'improvviso e gli salta addosso prima di scomparire. Gollum riesce a mordere il dito di Frodo e alla fine recupera l'Anello proprio mentre cade nella lava e scompare, portando con sé l'Anello e assicurandone la distruzione.

Ritorno alla Contea e partenza di Frodo

Tutti i membri superstiti della Compagnia dell'Anello si riuniscono a Minas Tirith. Aragorn viene incoronato Re di Gondor e sposa l'Elfa Arwen, che ha scelto di rinunciare al suo posto nei Paradisi Grigi (la terra verso cui gli Elfi stanno gradualmente migrando) per poter rimanere con lui. Ciò significa che Frodo può prendere il suo posto lì. La Compagnia si scioglie e i suoi membri prendono strade diverse e, quando gli Hobbit tornano finalmente alla loro casa nella Contea, scoprono che Saruman e Gríma ne hanno preso il controllo, aiutati da un gruppo di banditi. In risposta, organizzano una rivolta e Saruman viene pugnalato a morte da Gríma, stufa di essere maltrattata dal mago. Gríma viene poi ucciso dagli Hobbit.

Nella Contea torna finalmente la pace e Sam sposa un'altra Hobbit di nome Rosie, con la quale ha una famiglia numerosa. La storia si conclude molti anni dopo, con Frodo – che è ancora tormentato dalle cicatrici fisiche e mentali inflittegli durante la missione e che quindi si sente fuori posto in questa nuova era di pace – che si imbarca su una nave diretta ai Paradisi Grigi, insieme a Gandalf, Elrond e Galadriel, che erano i portatori dei tre anelli elfici, che ora hanno perso i loro poteri.

STUDIO DEL CARATTERE

LA COMPAGNIA DELL'ANELLO

Frodo Baggins (Lo Hobbit)

Frodo è il cugino di Bilbo Baggins e viene descritto come un po' grassoccio. Come tutti gli Hobbit, è anche molto basso: "Sono un popolo piccolo, più piccolo dei Nani: meno robusto e tarchiato [...]. La loro altezza varia tra i due e i quattro piedi della nostra misura" (p. 2).

Frodo è il protagonista del romanzo e viene scelto come portatore dell'Anello perché gli Hobbit sono più resistenti alla sua influenza corruttrice di qualsiasi altra razza. Questa tenacia si spiega con il fatto che gli Hobbit amano i piaceri semplici sopra ogni altra cosa e non sognano conquiste o ricchezze.

Frodo è più calmo e maturo degli altri Hobbit ed è perfettamente consapevole di ciò che comporterà la sua missione. Sebbene inizialmente sia terrorizzato dalla responsabilità di essere il portatore dell'Anello, alla fine accetta il suo destino perché sa che se non lo farà, le forze del bene non potranno trionfare sul male. Quando Gandalf gli racconta la storia di Gollum, non esprime altro che disprezzo e odio nei suoi confronti, ma quando incontra Gollum, Frodo si commuove per il suo tragico destino e gli dimostra grande gentilezza e perdono.

Frodo e gli altri Hobbit che si uniscono a lui nella ricerca diventano veri e propri eroi nel corso del loro viaggio, come dimostrano quando alla fine del romanzo riprendono la Contea da Saruman senza bisogno dell'aiuto di nessuno. Tuttavia, Frodo rimane indelebilmente segnato dalle sue avventure e non sente più il suo posto nella Terra di Mezzo in questa nuova era di pace. Per questo motivo, alla fine lascia il suo mondo per recarsi nei Paradisi Grigi.

Samwise Gamgee (Lo Hobbit)

Sam è il giardiniere di Frodo e gli è immancabilmente fedele: rimane al fianco di Frodo fino alla fine della sua missione di distruzione dell'Anello. Questa lealtà gli dà la forza di compiere imprese incredibili, come combattere e ferire il ragno gigante Shelob.

Sam potrebbe essere descritto come un eroe di tutti i giorni, in quanto è un uomo semplice che non desidera altro che una vita tranquilla; tuttavia, è in grado di compiere grandi azioni quando si presenta il pericolo. Per questo motivo, alcuni critici lo considerano il vero eroe de *Il Signore degli Anelli*.

Meriadoc Brandybuck (Hobbit)

Meriadoc, meglio conosciuto con il soprannome di Merry, è un giovane Hobbit spensierato dai capelli ricci e castani. Sebbene sia meno esuberante di Pipino, acquisisce una grande maturità durante la ricerca dell'anello e i due compiono imprese straordinarie che contribuiscono al successo della missione.

Barbalbero dà a Merry e Pipino un intruglio che li fa crescere, rendendoli gli Hobbit più alti della Contea (anche se sono ancora alti solo un metro e mezzo ciascuno).

Peregrin Took (Hobbit)

Peregrin, meglio conosciuto con il soprannome di Pipino, è ancora più sprovveduto di Merry, che è il suo migliore amico e cugino. Tuttavia, è estremamente di buon cuore e diventa molto più maturo nel corso della storia, fino a diventare un vero eroe, soprattutto grazie al suo ruolo nell'impedire la morte prematura di Faramir.

Gandalf il Grigio (Istari)

A prima vista, Gandalf ha l'aspetto di un uomo anziano e non ben definito, grazie al suo lungo mantello grigio e alla sua barba. Tuttavia, la bacchetta che porta con sé rivela la sua vera natura: è in realtà uno degli Istari, una sorta di angeli minori incaricati di sradicare il male, che nel romanzo è rappresentato da Sauron. Ha nutrito sospetti sulla natura dell'anello di Bilbo per molti anni e alla fine è lui ad accertarne la vera natura. È incredibilmente esperto e dotato di formidabili poteri magici, tanto che la Compagnia dell'Anello guarda istintivamente a lui come a un leader.

Muore durante la ricerca dell'Anello, ma si reincarna con poteri ancora più grandi che lo rendono uguale a Saruman, che prima era il capo dei maghi. Per riflettere questo cambiamento, Gandalf si veste di bianco, anziché di grigio, e diventa noto come Gandalf il Bianco. Alla fine del romanzo si scopre che è il portatore di uno dei tre anelli elfici.

Aragorn (Dúnadan)

Aragorn, noto anche come Strider, è un uomo alto, dal viso magro e dai capelli castani, e fa parte dei Dúnadain, una razza di umani la cui durata di vita è molto più lunga di quella delle persone normali. Vive una vita quasi nomade, ma in realtà è l'ultimo discendente della stirpe reale che un tempo governava il regno di Gondor. Il suo destino è quello di unire l'umanità e condurla in battaglia contro Sauron, per poi inaugurare una nuova era di prosperità per tutti i regni umani. Riesce a compiere queste imprese senza mai mostrare segni esteriori di dubbio sulla sua capacità di farlo.

Diventa amico di Legolas e Gimli, che sono i suoi due compagni più stretti all'interno della Compagnia. È un leader naturale, coraggioso e apparentemente imperturbabile, poiché non mostra mai apertamente il suo dolore per la morte di Boromir. È innamorato dell'elfa Arwen, che sposerà alla fine del romanzo.

Legolas (Elfo)

Legolas è un principe elfico della foresta di Mirkwood. Nel corso della missione, stringe una profonda amicizia con il nano Gimli, un rapporto piuttosto insolito in quanto Elfi e Nani sono generalmente ostili l'uno verso l'altro a causa delle profonde differenze tra le due razze.

Come tutti gli Elfi, è estremamente bello e ha una risata chiara e piacevole. È così agile da muoversi rapidamente su ogni tipo di terreno e i suoi sensi della vista e dell'udito sono molto più acuti di quelli degli umani. In quanto elfo dei boschi, ha una grande affinità con le foreste, ma non ama le caverne sotterranee che i Nani chiamano casa.

Gimli (Nano)

Gimli è un nano che sviluppa una profonda amicizia con l'elfo Legolas durante l'avventura. Come tutti i Nani, Gimli è basso, robusto e molto più forte di un umano, ed è raffigurato come un'anima coraggiosa che ama il buon cibo. Dimostra tutto il suo coraggio seguendo Aragorn nella Valle dei Morti, anche se questo gli incute molta paura. Non ama le foreste e si sente più a suo agio sottoterra.

Boromir (umano)

Boromir è descritto come più basso ma più imponente di Aragorn. È figlio di Denethor, l'intendente di Gondor, ed è il fratello di Faramir. È orgoglioso e impulsivo e il suo più grande desiderio è che il padre possa salire dalla sua posizione di reggente per diventare re di Gondor. Viene corrotto dalla vicinanza con l'Anello, che sfrutta questa debolezza e gli infonde un desiderio sempre crescente di riportare l'Anello a Gondor per rafforzare il regno. Questo culmina nel tentativo di sottrarre l'Anello a Frodo con la forza, causando la rottura della Compagnia dell'Anello. Tuttavia, espia il suo errore sacrificando la sua vita nel tentativo di proteggere Merry e Pipino, dimostrando di possedere un animo nobile.

ALLEATI DELLA COMPAGNIA

Bilbo Baggins (Lo Hobbit)

Bilbo è lo zio di Frodo ed è stato il portatore dell'Anello per molti anni, il che gli ha conferito una vita particolarmente lunga. Grazie alla magia dell'Anello, Bilbo ha ancora l'aspetto di un giovane uomo. È abbastanza resistente al potere dell'artefatto, ma ci vuole tutta la forza di persuasione di Gandalf per convincerlo a consegnarlo a Frodo, a dimostrazione di quanto sia forte il suo potere corruttore.

Tom Bombadil (spirito della natura)

Tom Bombadil è uno spirito della foresta antico quanto il mondo stesso, interessato solo alla foresta e all'amore della sua vita, Goldberry. È l'unico personaggio del romanzo che è completamente immune all'influenza dell'Anello. Tom Bombadil rappresenta la natura in tutto il suo splendore.

È descritto come più alto e robusto di un Hobbit, ma più basso di un uomo. Ha una carnagione rossastra e occhi castani brillanti.

Elrond (Elfo)

Elrond è un elfo estremamente anziano. Ha i capelli scuri e il suo volto è descritto come senza età, e possiede una sorta di grazia maestosa. È il Signore di Gran Burrone e salva Frodo dalla ferita infertagli da un Nazgûl. Presiede il consiglio chiamato a decidere il destino dell'Anello.

Arwen (Elfo)

Arwen è la figlia di Elrond e una lontana parente di Galadriel. Si dice che sia la più bella di tutti gli Elfi e che sia conosciuta come la Stella della Sera tra la sua gente. È promessa sposa ad Aragorn e lo sposa quando lui viene incoronato re. Ha i capelli neri e la pelle chiara e pallida.

Galadriel (Elfo)

Galadriel, descritta come una donna incredibilmente bella dai capelli d'oro, è uno degli Elfi più antichi del mondo. Porta uno dei tre anelli elfici, che le permette di garantire la sicurezza del suo regno, Lothlórien. Come Gandalf, è tentata dall'Anello e dichiara che, se lo possedesse, lo userebbe per rovesciare Sauron e diventare la regina di un mondo migliore.

Éomer (umano)

Éomer è il nipote di Théoden e il fratello di Éowyn. È estremamente fedele al suo re e gli succede alla morte di Théoden. Viene descritto come estremamente alto e con gli occhi chiari.

Théoden (umano)

Théoden è il re di Rohan e lo zio di Éomer ed Éowyn. È molto indebolito dalle menzogne del suo consigliere corrotto, Gríma Wormtongue, e dalla morte del figlio Théodred, ma recupera le forze grazie a Gandalf. Viene ucciso dal Re Stregone di Angmar, capo dei Nazgûl, durante la Battaglia dei Campi del Pelennor. È l'archetipo di un re forte e giusto che si lancia senza paura in battaglia.

A causa dell'influenza di Gríma, la prima volta che lo vediamo è descritto come un vecchio con la barba lunga, i capelli bianchi e le spalle curve dalla preoccupazione. Tuttavia, quando riacquista i sensi, riacquista anche la presenza imponente di un re.

Éowyn (umana)

Éowyn è la nipote di Théoden e la sorella di Éomer. È estremamente orgogliosa ed è costretta a vedere lo zio sprofondare in uno stato di decadenza sempre più avanzato. Non ha assolutamente paura della morte: solo della prigionia, perché Gríma ha usato la sua angoscia e la sua impotenza per il declino dello zio per svuotarla della speranza. Sebbene inizialmente subisca il fascino di Aragorn, questi non ricambia i suoi sentimenti a causa del suo amore per l'elfa Arwen, e alla fine si innamora di Faramir.

Sebbene Théoden cerchi di costringerla a rimanere indietro quando guida le forze di Rohan in battaglia, lei ignora questo comando: si traveste invece da giovane cavaliere e aiuta Merry a unirsi all'esercito in segreto. Il suo coraggio si rivela cruciale per assicurare la vittoria degli alleati, poiché infligge il colpo di grazia al capo delle forze di Sauron, il Re Stregone di Angmar, cosa che nessun altro umano sull'intero campo di battaglia sarebbe stato in grado di fare, poiché era stato profetizzato che nessun uomo mortale sarebbe mai stato in grado di ucciderlo.

Barbalbero (Ent)

Barbalbero è un Ent, cioè un albero vivente che funge da protettore delle foreste. Assomiglia a un albero con una figura umana e ha una lunga barba. Come tutti i membri della sua razza, fa tutto molto lentamente. Tuttavia, i crimini di Saruman e la morte di un altro Ent lo spingono, insieme ai suoi parenti, a una rabbia frenetica quando si uniscono all'assalto di Isengard. Barbalbero rappresenta la natura selvaggia, che si contrappone all'industrializzazione distruttiva rappresentata da Saruman.

Faramir (umano)

Faramir è il figlio minore di Denethor, l'intendente di Gondor, e il fratello di Boromir, con il quale condivide un fisico molto simile. È stato allevato da Gandalf, che gli ha infuso molta pazienza e saggezza, rendendolo l'opposto del fratello impulsivo e bellicoso. È molto addolorato dal palese favoritismo del padre nei confronti del fratello, anche se questo non diminuisce in alcun modo il suo amore per Boromir.

Sebbene Faramir sia tentato dall'Anello, riesce a resistere alla sua morsa perché è consapevole che lo trasformerebbe in un tiranno, nonostante le sue buone intenzioni. Questa forza di carattere lo pone al di sopra della schiera degli uomini comuni. Si innamora di Éowyn e la sposa alla fine del romanzo.

Gollum (Hobbit corrotto)

Gollum iniziò la sua vita come Hobbit di nome Sméagol, ma il corso della sua vita fu irrimediabilmente alterato il giorno in cui lui e il suo amico Déagol trovarono l'Anello sul fondo di un lago e Sméagol uccise il suo amico per reclamare l'Anello come suo. Di conseguenza, fu bandito dai suoi parenti e si ritirò a vivere come eremita in una grotta, dove la corruzione dell'Anello devastò il suo corpo e lo trasformò in una creatura mostruosa.

Nonostante sia stato corrotto dall'Anello, conserva alcune vestigia del suo passato, il che gli conferisce una sorta di doppia personalità. Alla fine tradisce Frodo e Sam, ma la storia rende comunque chiaro che la missione sarebbe fallita senza di lui. È un personaggio estremamente ambiguo, poiché nel corso del romanzo aiuta le forze del bene e del male. Il suo arco caratteriale dimostra anche l'incredibile importanza della pietà. Gollum incarna tutta la forza corruttrice dell'Anello, poiché è ridotto a nient'altro che un mostro con un aspetto fisico ripugnante che riflette la corruzione della sua anima.

Denethor (umano)

Denethor è l'intendente di Gondor e il padre di Boromir e Faramir. Viene descritto come un uomo imponente che emana autorità e mostra una palese preferenza per il figlio maggiore, Boromir, che ha cresciuto lui stesso e che quindi gli somiglia di più, mentre Faramir è stato cresciuto da Gandalf. Impazzisce dopo aver guardato nel *Palantír*.

NEMICI DELLA COMPAGNIA

Sauron (Maia)

Sauron è un'entità estremamente potente e l'antagonista principale de *Il Signore degli Anelli*. Molto tempo prima dell'inizio della storia, ha creato una serie di potenti anelli. La sua forma fisica è stata distrutta molti anni fa, ma il suo spirito è rimasto in vita e ha assunto la forma di un gigantesco occhio fiammeggiante che aleggia sopra la sua fortezza nella terra di Mordor. Gradualmente è riuscito a ricostruire i suoi eserciti, il che gli permette di lanciare un attacco contro Gondor mentre il suo alleato, Saruman, colpisce Rohan. Riesce anche a corrompere i *palantíri* e a piegare alla sua volontà coloro che li guardano (cioè Saruman e Denethor).

Nonostante l'incredibile potere, Sauron ha una debolezza: non riesce a immaginare che qualcuno in possesso dell'Anello voglia semplicemente distruggerlo, invece di usarlo per i propri scopi. Sauron è l'incarnazione del male assoluto e le terre su cui regna sono aride e desolate.

I Nazgûl (umani corrotti)

Questi nove servitori di Sauron un tempo erano re umani, ma alla fine sono stati corrotti dai loro anelli. Indossano cappucci per nascondere il fatto che al posto dei loro volti non c'è altro che il vuoto. Sono in grado di percepire la presenza dell'Anello, soprattutto quando viene indossato, e per questo vengono inviati a rintracciare e inseguire il Portatore dell'Anello, prima a cavallo e poi su mostri alati. Sono guidati dal Re Stregone di Angmar, che alla fine viene ucciso da Éowyn e gli altri otto Nazgûl vengono distrutti insieme all'Anello.

Saruman il Bianco (Istari)

Saruman è il più potente degli Istari. Come Gandalf, ha l'aspetto di un uomo anziano ed è interamente vestito di un solo colore; nel caso di Saruman, questo colore è il bianco per indicare il suo rango superiore (più avanti nel romanzo Gandalf viene elevato a questo stesso rango). Sebbene il suo scopo originario fosse quello di purificare il mondo dai mali come Sauron, il desiderio di potere di Saruman lo spinge a credere di poter usare il *Palantír* per sconfiggere Sauron. Tuttavia, si dimostra il contrario e Saruman diventa involontariamente uno dei burattini di Sauron.

Saruman dimostra anche di avere un grande potere di persuasione. Gandalf gli risparmia la vita in più occasioni, ma

Saruman si rifiuta di cambiare strada e questa ostinazione lo porta a una fine ignominiosa per mano del suo servo Gríma Wormtongue, stanco di essere maltrattato dal suo padrone. Tolkien utilizza il personaggio di Saruman anche per criticare l'industrializzazione di massa, alla quale si opponeva fortemente, poiché Saruman trasforma un paese fertile in una pianura arida costruendo gigantesche fucine nella sua fortezza. Ciò fa infuriare gli Ents e li spinge ad attaccare il mago, distruggendo la sua fortezza e rovinando i suoi piani di conquista del mondo.

Gríma Wormtongue (umano)

Gríma Wormtongue è originario di Rohan e viene descritto come un uomo basso e pallido. Dopo essere entrato al servizio di Saruman, riesce a diventare il consigliere di re Théoden, il che gli permette di avvelenare la mente del re sussurrandogli all'orecchio le parole del suo vero padrone. Desidera anche Éowyn e ne abusa psicologicamente. Come Saruman, rifiuta di cambiare strada quando gliene viene data la possibilità, il che dimostra la sua malvagità di fondo.

ANALISI

LE ORIGINI DE *IL SIGNORE DEGLI ANELLI*

In una lettera al suo editore Milton Waldman (1895-1976), Tolkien spiegò alcune delle ispirazioni alla base del suo lavoro:

> *"Ma a quelle creature che in inglese chiamo ingannevolmente Elfi sono assegnate due lingue affini più o meno compiute, [...]. Ma una mia passione altrettanto fondamentale era ab initio quella per il mito (non per l'allegoria!) e per la fiaba, e soprattutto per la leggenda eroica al limite tra fiaba e storia, [...]. Inoltre – e qui spero di non sembrare assurdo – fin dall'inizio ero addolorato dalla povertà del mio amato paese [...]. Non ridete! Ma una volta (la mia cresta è caduta da tempo) avevo in mente di fare un corpo di leggende più o meno collegate, [...] che avrei potuto dedicare semplicemente all'Inghilterra; al mio paese". (Carpenter e Tolkien, 1981: pp. 143-144)*

Come spiega Tolkien in modo più dettagliato nella lettera completa, la creazione di lingue di fantasia era una delle sue passioni, e iniziò a creare le lingue Quenya (parlata dagli Elfi Alti della Terra di Mezzo) e Sindarin (parlata dagli Elfi Grigi) prima ancora di iniziare a scrivere i suoi romanzi. In seguito creò le lingue parlate da tutte le altre razze della Terra di Mezzo. Dato che Tolkien era anche un esperto linguista, queste lingue hanno tutte una struttura perfettamente funzionante.

La seconda motivazione di Tolkien era quella di creare un mito di fondazione che considerasse degno del suo paese natale, l'Inghilterra. Ciò significa che, mentre *Il Signore degli Anelli* può essere letto come romanzo a sé stante, è impossibile comprendere appieno tutti i suoi riferimenti al più ampio mythos della Terra di Mezzo senza aver letto anche *Il Silmarillion*, pubblicato postumo nel 1977 e contenente un resoconto estremamente dettagliato del mito fondante dell'universo creato da Tolkien.

INFLUENZE E ISPIRAZIONI

Quando scrisse *Il Signore degli Anelli*, Tolkien si ispirò molto alle saghe norrene come il *Kalevala*, una raccolta di poemi epici finlandesi compilata da Elias Lönnrot (filologo finlandese, 1802-1884) nel 1835, e il *Beowulf*, un poema epico dell'Antico Inglese datato tra l' VIII e il X secolo. In effetti, *Il Signore degli Anelli* presenta molte delle caratteristiche di un'epopea: bene contro male, personaggi archetipici, una forte presenza di magia, creature fantastiche e imprese eroiche.

Il tema di un anello dal potere unico in grado di corrompere chiunque lo indossi ricorda molto anche *Der Ring des Nibelungen* ("L'anello del Nibelungo", 1876), un'opera di Richard Wagner (compositore tedesco, 1813-1883) che racconta la storia di un anello altrettanto potente appartenente ai Nibelunghi, una razza di nani della leggenda germanica medievale. Tuttavia, Tolkien ha negato che ci fosse un legame tra le due opere. Vale la pena di notare che il motivo di un anello magico che conferisce a chi lo indossa il potere dell'invisibilità è un tema comune nella letteratura.

 ## IL RUOLO DELLA POESIA NE IL SIGNORE DEGLI ANELLI

Il Signore degli Anelli contiene molte poesie e canzoni che vengono recitate o cantate dai protagonisti della storia.

Questa forte presenza di poesia all'interno del romanzo fa sembrare i personaggi ancora più simili a quelli di un'epopea, creando al contempo un'insolita commistione di generi.

INTERPRETARE LA STORIA

Tolkien ha sempre sostenuto con fermezza che *Il Signore degli Anelli* non doveva essere interpretato come un'allegoria, poiché nutriva una particolare avversione per le storie allegoriche. Questa dichiarazione aveva come scopo principale quello di smorzare la convinzione che la Guerra dell'Anello dovesse rappresentare la Seconda Guerra Mondiale (1939-1945), dato che Tolkien aveva scritto il romanzo in quel periodo. Tuttavia, l'autore ammise che l'oscurità di quel periodo poteva aver influenzato il tono della sua scrittura.

Tuttavia, considerare *Il Signore degli Anelli* da una prospettiva cristiana può essere interessante, perché anche se non ci sono legami espliciti tra il contenuto del romanzo e le religioni del mondo reale, la storia glorifica spesso gli stessi valori del cristianesimo, tra cui la compassione verso i nemici e i più deboli e la lotta tra il bene e il male. Il romanzo esamina anche il rapporto tra la morte e il desiderio di immortalità attraverso i motivi dell'Anello (che è in grado di prolungare la durata della vita di un individuo), la quasi immortalità degli Elfi e il viaggio verso i Paradisi Grigi, che vengono presentati come una sorta di Paradiso.

IL POSTO DE *IL SIGNORE DEGLI ANELLI* NELL'OPERA DI TOLKIEN

Cronologicamente, *Il Signore degli Anelli* è il seguito del precedente romanzo di Tolkien *Lo Hobbit*, che racconta la storia di un Hobbit di nome Bilbo Baggins che parte all'avventura, accompagnato da Gandalf e da una compagnia di tredici nani, per liberare la città nanica di Erebor dalla tirannia del drago Smaug. Nel corso di questa ricerca, Bilbo incontra Gollum e gli ruba l'Anello, che costituisce il punto di partenza narrativo de *Il Signore degli Anelli*. Tuttavia, il tono de *Lo Hobbit* differisce notevolmente da quello de Il *Signore degli Anelli*, essendo più vicino a quello di un romanzo per ragazzi che a quello di un'epopea. In una delle sue lettere Tolkien ha descritto il suo lavoro nei seguenti termini:

> *"Il mio lavoro è sfuggito al mio controllo, e ho prodotto un mostro: un romanzo immensamente lungo, complesso, piuttosto amaro e molto terrificante, del tutto inadatto ai bambini (se adatto a qualcuno); e non è davvero un seguito de Lo Hobbit, ma de Il Silmarillion". (Carpenter e Tolkien, 2005: p. 136)*

Per questo motivo, esiste anche un forte legame tra *Il Signore degli Anelli* e *Il Silmarillion*, pubblicato postumo nel 1977 e costituito da una serie di racconti che approfondiscono le connessioni tra *Lo Hobbit* e *Il Signore degli Anelli*, oltre ad ampliare il mito dell'universo narrativo di Tolkien. Ad esempio, descrive come è stato creato il mondo e stabilisce le gerarchie degli dei e dei maghi.

Nel complesso, si può dire che *Il Signore degli Anelli* occupi un posto centrale nell'opera di Tolkien, essendo uno dei fili più importanti dell'enorme arazzo narrativo da lui tessuto.

RICEZIONE CRITICA ED EREDITÀ

Quando *Il Signore degli Anelli* fu pubblicato per la prima volta, ricevette un'accoglienza relativamente tiepida. Tuttavia, durante la seconda metà del XX secolo, il romanzo si è guadagnato un seguito di culto, soprattutto tra gli studenti americani, e gradualmente è stato considerato una pietra miliare della letteratura fantasy. Ancora oggi è considerato tale. Tuttavia, alcuni critici, tra cui Fernandez (2002), sostengono che la popolarità del romanzo – e, di fatto, del genere fantasy nel suo complesso – abbia cominciato a scemare prima dell'uscita del primo capitolo dell'adattamento cinematografico del romanzo nel 2001, che ha riacceso l'interesse del pubblico.

Il Signore degli Anelli ha avuto una grande influenza sullo sviluppo dell'high fantasy moderno ed è spesso considerato l'opera fondante del genere. L'high fantasy è un genere letterario che presenta storie ambientate in un universo immaginario, distinguendosi così dal low fantasy, che presenta eventi soprannaturali che hanno luogo nel nostro mondo. Sia l'high fantasy che il low fantasy si distinguono anche dalla fantascienza, che tende a essere più futuristica e incentrata sulla tecnologia, mentre il fantasy è più orientato alla magia e al soprannaturale. Tuttavia, vi è una certa sovrapposizione tra questi generi, che spesso vengono raggruppati sotto il nome di speculative fiction.

L'influenza de *Il Signore degli Anelli*, e dell'universo di Tolkien nel suo complesso, è quindi ancora palpabile in diversi ambiti. In primo luogo, alcune opere più recenti di letteratura fantasy sono state paragonate ad esso, tra cui il *Ciclo dell'Eredità* (2003-2011) di Christopher Paolini (autore americano, nato nel 1983), che ha anche tentato di creare un intero universo fittizio con la propria geografia, le proprie lingue e le proprie razze (tra cui elfi e nani che sono molto simili a quelli dell'opera di Tolkien). Allo stesso modo, la serie bestseller *Shannara* di Terry

Brooks (autore americano, nato nel 1944) è stata criticata per la sua forte somiglianza con l'opera di Tolkien.

Il più noto adattamento cinematografico de *Il Signore degli Anelli* è stato diretto da Peter Jackson (regista e produttore neozelandese, nato nel 1961). Questo adattamento ha assunto la forma di una trilogia di film, che corrispondono ai tre volumi del romanzo: *La Compagnia dell'Anello* (2001), *Le Due Torri* (2002) e *Il Ritorno del Re* (2003). La differenza principale tra il romanzo e gli adattamenti cinematografici è che mentre il romanzo è diviso in sezioni che si concentrano esclusivamente sulle avventure di un gruppo di personaggi (in particolare nel secondo e nel terzo volume), i film tagliano spesso tra i diversi personaggi invece di abbandonare a lungo una sola storia. Inoltre, il film dà maggior risalto ai personaggi femminili e alle battaglie.

Anche alcuni gruppi musicali si sono ispirati all'opera di Tolkien, tra cui il gruppo heavy metal finlandese BattleLore, che fa spesso riferimento al mondo di Tolkien nei testi delle sue canzoni. Anche altri artisti hanno fatto riferimenti più isolati all'opera di Tolkien: ad esempio, il gruppo power metal tedesco Blind Guardian ha pubblicato nel 1998 un album basato sul *Silmarillion* intitolato *Nightfall in Middle-Earth*, mentre la canzone "Shadows" del gruppo power metal svedese Sabaton è ispirata ai Nazgûl.

Inoltre, il popolare gioco di ruolo *Dungeons and Dragons* presenta razze fortemente ispirate all'opera di Tolkien e negli ultimi anni sono stati pubblicati diversi videogiochi basati sulla serie. Oltre ai giochi direttamente basati sugli adattamenti cinematografici del romanzo, altri giochi come *Il Signore degli Anelli: The Third Age* (2004), *The Lord of the Rings Online* (2007) e *Middle-earth: Shadow of Mordor* (2014).

ULTERIORI RIFLESSIONI

ALCUNE DOMANDE SU CUI RIFLETTERE...

- Fate un elenco delle varie proprietà dell'Anello. Come riflettono la sua ambivalenza?

- Molti personaggi del romanzo dichiarano cosa farebbero o vorrebbero fare se possedessero l'Anello. Fate un elenco delle loro diverse motivazioni: cosa hanno in comune? Come cambierebbero queste motivazioni se possedessero l'Anello? Allo stesso modo, cosa distingue Boromir da suo fratello Faramir?

- Leggete il seguente passo de *La Compagnia dell'Anello*, in cui Frodo e Gandalf discutono di Gollum e del fatto che Bilbo una volta gli ha risparmiato la vita:

> "'Mi dispiace', disse Frodo. [...] 'Non riesco a capirti. Vuoi dire che tu, e gli Elfi, lo avete lasciato vivere dopo tutte quelle orribili azioni? In ogni caso è cattivo come un Orco, e solo un nemico. Merita la morte'.
>
> Merita! Oserei dire di sì. Molti che vivono meritano la morte. E alcuni che muoiono meritano la vita. Potete darla a loro? Allora non siate troppo ansiosi di distribuire la morte in giudizio. Perché anche i più saggi non possono vedere tutte le estremità. Non ho molte speranze che Gollum possa essere curato prima di morire, ma c'è una possibilità. E lui è legato al destino dell'Anello. Il mio cuore mi dice che ha ancora una parte da recitare, nel bene e nel male, prima della fine; e quando questa arriverà, la pietà di Bilbo potrà governare il destino di molti, non ultimo il tuo". (p. 78)

  - Come fa la narrazione a dare ragione a Gandalf?

  - I sentimenti di Frodo cambiano dopo l'incontro con Gollum? Se sì, come? Per quale motivo, secondo voi, ciò avviene?

- Sam diffida di Gollum, ma il suo atteggiamento cambia dopo che diventa portatore dell'Anello per un breve periodo di tempo. Come si può descrivere questo cambiamento e qual è il motivo?

- Altri due personaggi vengono risparmiati da Gandalf in più occasioni nel corso della storia. Chi sono e qual è il loro destino alla fine del romanzo?

- Sulla base degli esempi precedenti, quale messaggio pensate che Tolkien volesse trasmettere?

• I Paradisi Grigi sono descritti come lidi verdi che possono essere raggiunti solo navigando attraverso un lungo tratto d'acqua, e solo dagli Elfi o da coloro che sono stati invitati da un Elfo.

- Quali altre tradizioni letterarie e mitologiche presentano il motivo dell'attraversamento di uno specchio d'acqua per raggiungere un altro mondo?

- Alla luce della fede cristiana di Tolkien, di cosa potrebbero essere interpretati i Paradisi Grigi come un simbolo?

- Quali sono i vantaggi di viaggiare verso i Paradisi Grigi invece di rimanere nella Terra di Mezzo?

• Quando Sam salva Frodo mentre agisce come portatore dell'Anello, dimostra perché gli Hobbit sono più resistenti al richiamo dell'Anello rispetto alle altre razze. Qual è questa ragione? A quale valore cristiano può essere paragonato?

• Rileggete le descrizioni delle fortezze di Sauron e Saruman. Che cosa hanno in comune questi due luoghi? In che cosa differiscono dalle descrizioni di Tolkien della Contea, di Gran Burrone e di Lothlórien?

ULTERIORI LETTURE

EDIZIONI DI RIFERIMENTO

Tolkien, J. R. R. (2009) *Il Signore degli Anelli: La Compagnia dell'Anello*. Londra: HarperCollins.

Tolkien, J. R. R. (2009) *Il Signore degli Anelli: Le due torri*. Londra: HarperCollins.

Tolkien, J. R. R. (2009) *Il Signore degli Anelli: Il ritorno del re*. Londra: HarperCollins.

STUDI DI RIFERIMENTO

Bouttier-Couqueberg, C. (2002) *Clés pour le* Seigneur des Anneaux *de J.R.R. Tolkien*. Parigi: Pocket.

Carpenter, H. e Tolkien, C. (1981) *Lettere di J. R. R. Tolkien: A Selection*. Londra: HarperCollins.

Fernandez, I. (2002) *Et si on parlait du* Seigneur des Anneaux. Parigi: Presses de la Renaissance.

Labbé, D. e Millet, G. (2003) *Étude sur John Ronald Reuel Tolkien: Le Seigneur des Anneaux*. Parigi: Ellipses.

ADATTAMENTI

Il Signore degli Anelli: La Compagnia dell'Anello. (2001) [Film]. Peter Jackson. Dir. Nuova Zelanda: New Line Cinema.

Il Signore degli Anelli: Le due torri. (2002) [Film]. Peter Jackson. Dir. Nuova Zelanda: New Line Cinema.

Il Signore degli Anelli: Il ritorno del re. (2003) [Film]. Peter Jackson. Dir. Nuova Zelanda: New Line Cinema.

Vogliamo sapere da voi!
Lasciate un commento sulla vostra biblioteca online
e condividete i vostri libri preferiti sui social media!

Sebbene l'editore faccia ogni sforzo per verificare l'accuratezza delle informazioni pubblicate, 50minutes.com non si assume alcuna responsabilità per il contenuto di questo libro.

www.50minutes.com

Master ISBN: 9782808690607
ISBN cartaceo: 9782808612005
Deposito legale: D/2023/12603/1480

Copertura: © Primento

Concezione digitale a cura di Primento, il partner digitale degli editori.